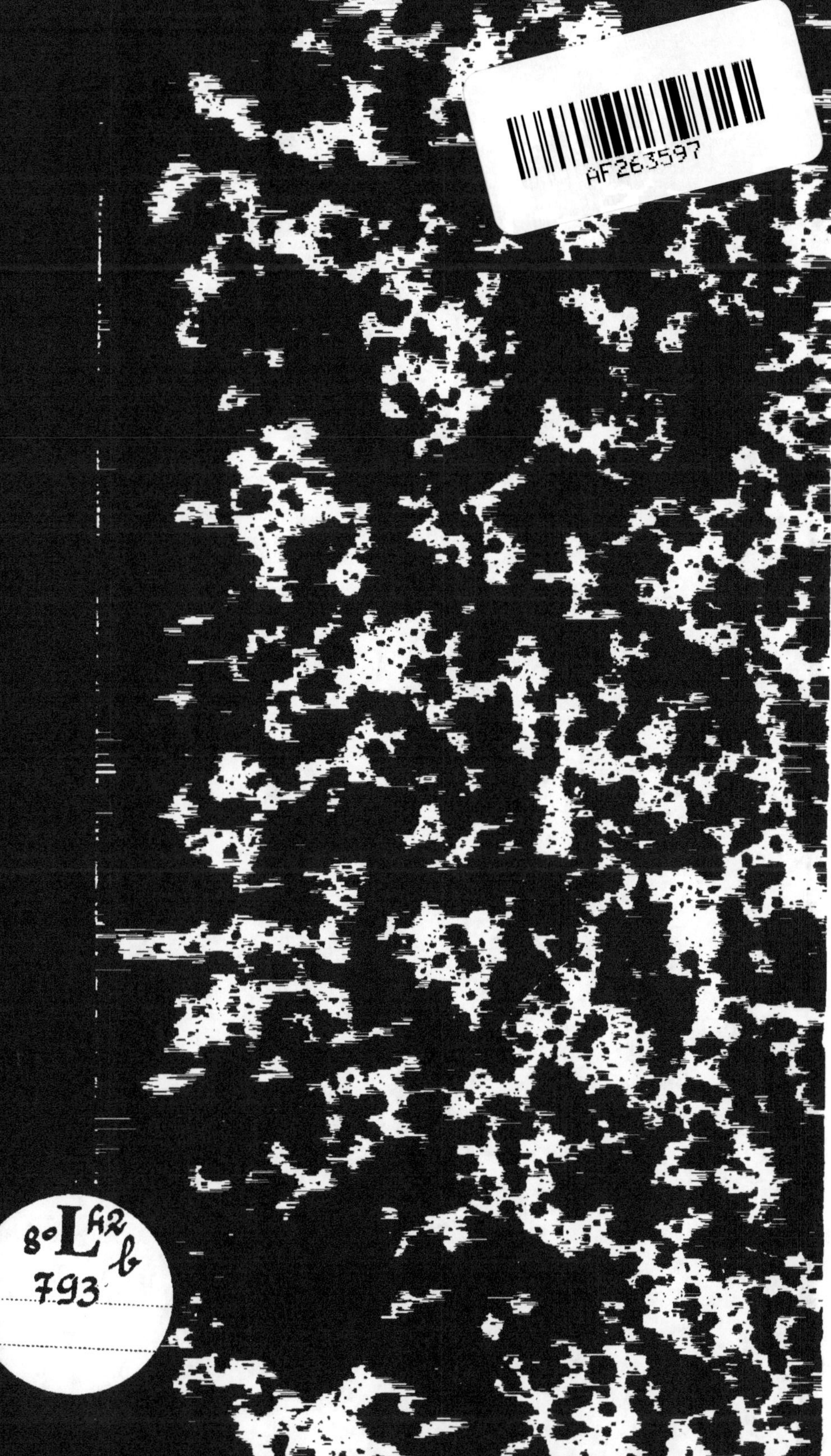
AF263597
8° L42 b
793

LB 42 793

SUR LE RETOUR

DU GÉNÉRAL BONAPARTE

DE L'ÉGYPTE,

Par le Baron Meneval.

EXTRAIT DU SPECTATEUR MILITAIRE.

(15 Mai 1840.)

IMPRIMERIE DE BOURGOGNE ET MARTINET,
rue Jacob, 30.

SUR LE RETOUR

DU GÉNÉRAL BONAPARTE

DE L'ÉGYPTE.

BIBLIOTHEQUE ROYALE

NOTE.

Les lettres inédites qui sont le sujet de cet article sont relatives à un fait contemporain qui est resté jusqu'à présent enveloppé de nuages. C'est pour arriver à dissiper les incertitudes qu'a fait naître l'absence de documents que ces lettres sont livrées à la publicité.

La question du retour du général Bonaparte de 'Égypte n'offre guère aujourd'hui qu'un intérêt hisorique. Cette question n'a pu être résolue par les livers écrivains qui se sont occupés de l'histoire le notre temps, parce que les documents leur ont manqué. Les historiens qui viendront après eux devront être arrêtés par la même difficulté. Les ettres qui suivent ne la lèvent pas tout entière ; mais la publicité donnée à leur existence, jusqu'à ce jour inconnue, amènera peut-être des révélations qui n'ont besoin que d'être provoquées. Elles sont produites à l'appui de la question qu'elles concernent, comme on réunit dans un procès toutes les pièces qui s'y rapportent.

La résolution qu'a prise M. Thiers d'écrire l'histoire de la grande époque du Consulat et de l'Empire, et l'accueil qu'il a bien voulu faire à la lettre que j'ai eu l'honneur de lui adresser sur quelques points de cette histoire, qui trouvera en lui un interprète digne d'elle, m'ont porté à lui révéler l'existence de ces lettres.

Je dois dire de quelle manière ces lettres me sont parvenues. Je les ai transcrites littéralement des originaux autographes ou revêtus de signatures, et des minutes qui sont depuis long-temps dans les mains d'un ancien notaire de Paris, l'un de mes amis, qui se ferait encore un plaisir de les communiquer au besoin. M. le comte Boulay de la Meurthe a eu par moi des doubles des principales lettres, cet ancien ministre d'État ayant désiré en faire usage dans des Mémoires qu'il devait laisser après lui.

N° 1.

*Lettre du Directoire exécutif au général Bonaparte,
commandant en chef l'armée d'Orient.*

(DUPLICATA.)

Le primata à été expédié
au général Bonaparte
avec la lettre n° 4
de l'amiral Bruix.

Paris, le 7 prairial an VII (26 mai 1799).

Les efforts extraordinaires, citoyen général, que l'Autriche et la Russie viennent de déployer, la tournure sérieuse et presque alarmante que la guerre a prise, exigent que la République concentre ses forces. Le Directoire vient en conséquence d'ordonner à l'amiral Bruix d'employer tous les moyens qui sont en son pouvoir pour se rendre maître de la Méditerranée, et de se porter sur l'Égypte, à l'effet d'en ramener l'armée que vous commandez. Il est chargé de se concerter avec vous sur les moyens à prendre pour l'embarquement et le transport. Vous jugerez, citoyen général, si vous pouvez avec sécurité laisser en Égypte une partie de vos forces ; et le Directoire vous autorise, dans ce cas, à en confier le commandement à qui vous jugerez convenable.

Le Directoire vous verrait avec plaisir à la tête des armées républicaines que vous avez jusqu'à présent si glorieusement commandées.

Signé TREILHARD, LA REVEILLÈRE-LEPAUX, BARRAS.

N° 2.

Lettre du Directoire à l'amiral Bruix.

(Écrite de la main du secrétaire-général Lagarde.)

Paris, le 7 prairial an VII.

Le Directoire exécutif, citoyen général, après avoir réfléchi sur la situation actuelle des choses, a senti la nécessité de réunir et de concentrer le plus possible les forces de la République. En conséquence, il vous ordonne de prendre les moyens les plus prompts pour effectuer votre jonction avec l'armée espagnole. Dès qu'elle sera opérée, vous chercherez la flotte anglaise ; et si, comme il est vraisemblable, vous êtes alors supérieur en forces à l'ennemi, vous le combattrez.

Aussitôt que vous aurez mis les Anglais hors d'état de s'opposer avec succès à vos opérations, vous ferez voile pour l'Égypte, à l'effet d'y embarquer l'armée. Vous vous concerterez sur les moyens avec le général Bonaparte, et vous pourrez laisser en Egypte une partie de ses forces, s'il le juge nécessaire.

Vous remettrez au général Bonaparte la lettre ci-jointe qui lui communique le projet du Directoire.

Le président du Directoire exécutif,
Signé MERLIN.
Par le Directoire exécutif,
Le secrétaire général,
Signé LAGARDE.

N° 3.

Lettre autographe du citoyen Talleyrand, ministre de la marine par interim (1), à l'amiral Bruix.

Paris, le 9 prairial an VII (28 mai 1799).

Voilà votre mission revenue à votre première idée, mon cher Bruix, j'en suis enchanté. Vous voilà hors du vague, vous avez un but, un but prescrit, un but de la plus grande importance. Le Directoire n'écrit qu'un mot à Bonaparte. Je lui envoie une lettre de Barras à laquelle j'ai joint quelques lignes. Le Directoire s'en rapporte à vous pour l'instruire de notre situation intérieure et extérieure. Ramenez le. On vous recommande le secret le plus absolu sur votre mission. Adieu, je vous embrasse et vous aime bien. Comptez sur moi pour la vie.

Signé CH. MAU. TALLEYRAND.

P. S. Mon opinion est que Belleville, notre consul à Gênes, sera votre successeur. Cela n'est pas encore décidé. Mais le Directoire ne déterminera son choix que dans les premiers jours de la décade prochaine. Sieyès arrivera du 20 au 24.

---

(1) Par un arrêté du Directoire du 14 germinal an VII (3 avril 1799), Bruix, ministre de la marine, avait été nommé *amiral* de l'armée navale de Brest, grade équivalent à celui de capitaine-général en Espagne, pour que l'amiral Mazaredo n'eût pas de répugnance à servir sous lui.

N° 4.

Minute de la lettre de l'amiral Bruix, au citoyen Bonaparte, général en chef de l'armée d'Orient.

Carthagène, le 23 prairial an VII (11 juin 1799).

Citoyen général,

Le Directoire exécutif m'a ordonné d'opérer ma jonction avec l'escadre espagnole, d'attaquer ensuite l'ennemi, et, après l'avoir battu, d'aller en Egypte, pour y prendre et porter en France l'armée que vous commandez.

Déjà ma jonction est faite, et l'armée combinée est forte de 42 vaisseaux de ligne; mais cette force ne nous donne pas encore la supériorité sur les Anglais. Ils ont 60 vaisseaux dans la Méditerranée. Néanmoins, par des manœuvres bien concertées, on peut les battre avant qu'ils soient réunis en un seul corps d'armée. C'est ce que j'espère faire, si mes démarches instantes auprès de l'amiral espagnol et de la cour de Madrid réussissent.

Ce succès obtenu, je vous préviens, citoyen général, que je ne perdrai pas un instant pour me porter sur Alexandrie, immédiatement après le combat. Faites donc vos dispositions pour retenir le moins de temps possible la flotte sur les côtes d'Egypte. Vous devez compter, général, sur tous les efforts dont je suis capable pour renverser tous les obstacles, et me rendre aussi promptement que je le pourrai auprès de vous.

Néanmoins, il m'est impossible de vous préciser l'époque de mon arrivée. Et, comme il n'y a rien de moins certain que le résultat d'un combat naval, ni même que je réussisse à attaquer l'ennemi avant sa réunion complète, je dois vous engager, citoyen général, à ne prendre les dernières mesures pour l'embarquement de votre armée que lorsque vous serez prévenu par des frégates que je vous détacherai, sitôt après l'événement, de l'arrivée prochaine de l'armée navale.

Croyez, citoyen général, que ce sera pour moi le plus beau jour, et pour la brave armée que je commande un jour de gloire et de bonheur que celui où elle pourra rendre à la patrie les héros qui l'ont tant illustrée.

Agréez mes salutations fraternelles et respectueuses.

Signé E. BRUIX.

P. S. J'ai promis au Grec qui vous remettra cette lettre que vous lui feriez un présent de 5oo louis. Je pense, citoyen général, que, malgré l'énormité de cette somme, vous n'hésiterez pas à la lui donner.

Signé E. BRUIX.

N° 5.

Lettre chiffrée du ministre Talleyrand, à l'amiral Bruix,

En date du 13 prairial an VII.

Je me suis empressé, citoyen général, de mettre sous les yeux du Directoire exécutif les lettres que vous m'avez écrites les 6 et 8 de ce mois. Le Directoire est très satisfait de l'activité que vous avez déployée pour vous mettre en état de sortir avec 22 vaisseaux. Il approuve la détermination que vous avez prise de rassembler toutes les troupes disponibles à Toulon, et d'effectuer un débarquement dans le golfe de la Spezzia. Mais, quelque important qu'il soit de secourir l'armée d'Italie, le Directoire vous recommande, non seulement de ne rester sur les côtes de ce pays que le temps indispensable pour seconder les opérations du général Moreau, mais encore de ne pas vous dégarnir des troupes qui vous seront nécessaires pour remplir votre mission ultérieure, et surtout pour donner du renfort à Malte. Vous devez, par le même motif, conserver sur l'armée navale des vivres en quantité suffisante pour ravitailler cette place et pour votre approvisionnement pendant la campagne. Il sera pourvu par d'autres moyens aux besoins de la République ligurienne; et déjà le Directoire a permis l'exportation de 80,000 quintaux de blé pour cette contrée

Le Directoire désire vivement, citoyen général, que vous ne perdiez pas un moment pour vous rendre aux lieux déterminés par vos instructions, et spécialement pour exécuter les ordres contenus dans la dépêche du 9 prairial dont je vous ai expédié hier le duplicata. Vous verrez par la copie ci-jointe d'une lettre de l'ambassadeur Guillemardet, que, si le général Mazaredo a été forcé par la tempête d'entrer à Carthagène, lord Saint-Vincent n'a pas été moins maltraité. Ainsi vous n'avez pas à craindre d'être poursuivi par l'ennemi; et, comme vous avez des forces supérieures, les succès de l'armée navale dépendent par dessus tout de la rapidité de votre marche.

Le Directoire exécutif s'en repose sur vous. Vous connaissez ses intentions et ses espérances. Il a la plus grande confiance dans vos talents. Il attend de grandes choses de l'armée que vous commandez, et d'une circonstance sur laquelle l'Europe a les yeux fixés. Les hasards des éléments et ceux de la victoire peuvent vous donner des chances que d'ici on ne peut prévoir. Songez que c'est à l'audace que la République a dû la plus grande partie de ses victoires.

Il est possible que Mazaredo répare ses avaries en peu de temps, et qu'il puisse se réunir à vous. Je vous invite, en conséquence, à lui adresser à Carthagène une lettre confidentielle pour lui assigner un rendez-vous.

Je n'ai pas besoin de vous dire qu'il sera très sensible aux marques de confiance et de considération qu'il recevra de vous.

Salut et fraternité.

Signé CH.-MAU. TALLEYRAND.

N° 6.

*Copie de la lettre du ministre de la marine à l'amiral Bruix,
à Carthagène.*

Le 27 prairial an VII.

L'ordonnateur Bertin vient de m'informer, citoyen général, que vous avez appareillé du mouillage de Vado, en présence de l'armée anglaise, et que vous vous êtes décidé à faire voile pour Carthagène. Cet administrateur m'annonce en même temps que la flotte de la République a été vue à sept lieues de Toulon, ayant des vents favorables, et que le chef de division Daugier était au moment d'exécuter l'ordre que vous lui avez donné de vous rejoindre.

Je me suis empressé de rendre compte de cet événement au Directoire exécutif. Il a senti qu'atteinte par un ennemi supérieur, l'armée française, malgré les talents du général et la valeur des officiers et des marins, aurait été exposée à un combat inégal, dont les suites pouvaient au moins vous réduire à une longue inaction. Vous avez su faire passer de votre côté tous les avantages que les Anglais se promettaient sans doute de leur position, et détruire en un moment leurs espérances. La sagesse et la promptitude de votre détermination, ainsi que l'habileté de vos manœuvres, ont reçu l'approbation et les justes éloges du Directoire exécutif, et j'éprouve la plus vive satisfaction à vous les transmettre.

Vous verrez, citoyen général, par la copie des lettres ci-jointes à M. d'Azara et à l'ambassadeur Guillemardet, que je fais presser le cabinet de Madrid d'accélérer la mise en état des vaisseaux espagnols qui doivent se joindre à vous. Le Directoire espère que sous peu de temps l'armée combinée pourra reprendre la mer, et qu'après avoir secouru l'armée d'Italie et la République ligurienne, après avoir opéré une jonction qui est de la plus haute importance, vous poursuivrez glorieusement le cours de votre mission.

Je vous adresse une lettre que j'ai cru devoir écrire au général Mazaredo, et j'en joins ici la copie. J'ai pensé qu'il vous serait agréable que cet officier-général reçût par vous un nouveau témoignage de l'estime du gouvernement français.

Pour copie :
Signé CH.-MAUR. TALLEYRAND.

N° 7.

*Minute de la lettre écrite par l'amiral Bruix,
au citoyen Joseph Bonaparte.*

Paris, 22 vendémiaire an VIII.

Recevez, citoyen, le compliment que mon cœur vous adresse sur l'heureux retour de votre frère. Le bonheur de votre famille est un bonheur public. J'apprends que vous partez cette nuit ou demain pour Fréjus. Je vous envoie des pièces qui peuvent intéresser votre frère et vous.

1° Copie de la lettre que j'ai reçue du Directoire en rade de Vado. C'est d'après cette lettre que j'ai envoyée à votre frère, par un Grec, celle dont je vous ai montré la copie à Paris. Vous savez pourquoi, ma jonction opérée avec les Espagnols, les forces supérieures de l'ennemi se sont opposées à tout projet ultérieur.

2° Deux lettres du Directoire à votre frère. Je devais les remettre moi-même.

3° Une lettre du citoyen Talleyrand, qui devait avoir la même destination, et qui en contient une autre du directeur Barras.

4° Copie de la lettre par laquelle Talleyrand m'adressait ces dépêches.

Je partage votre joie et vous salue cordialement.

Signé E. BRUIX.

La lettre du Directoire qui rappelle le général Bonaparte est du 7 prairial an VII, correspondant au 26 mai 1799.

La lettre de l'amiral Bruix, qui transmet cet ordre au général en chef de l'armée d'Orient, est écrite de Carthagène où il se trouvait, chargé du commandement supérieur des armées navales de France et d'Espagne. Carthagène est à 400 lieues environ d'Alexandrie. La lettre de l'amiral est datée du 23 prairial an VII (11 juin 1799.)

Il s'est donc écoulé deux mois et demi depuis l'expédition des dépêches de Carthagène, jusqu'à l'embarquement du général Bonaparte dans la rade d'Alexandrie. Cet intervalle de temps a dû suffire pour faire parvenir ces dépêches à leur destination. Les précautions prises pour la célérité et la sûreté de leur transmission, auraient pu en assurer la remise dans les mains du général Bonaparte. Cependant on ignore, non seulement si elles sont arrivées à leur destination, mais même ce qu'elles sont devenues. En considérant le doute qui règne sur ce fait, si près de l'époque actuelle, un rapprochement se présente à la pensée. Les deux événements qui ont signalé le commencement et la fin de notre révolution, et qui, par l'importance de leurs résultats, doivent être considérés comme capitaux, sont couverts d'un voile qui, pour le premier de ces événements, restera sans doute impénétrable.

A la fin de juillet 1789, huit jours après la prise de la Bastille, un armement général s'opère comme par enchantement, dans toutes les provinces de la France, le même jour, et pour ainsi dire à la même heure. Par qui furent expédiés ces courriers, se croisant dans tous les sens, et faisant voler de commune en commune le faux avis qu'ils étaient suivis de brigands qui venaient détruire les moissons en herbe? les auteurs de ce stratagème, qui rendit en un moment commune à toute la France la révolution qui venait d'éclater à Paris, sont restés inconnus jusqu'à ce jour, et le seront probablement toujours.

Les circonstances du retour du général Bonaparte de l'Égypte sont couvertes d'une même obscurité. Cependant ce fait a eu pour témoins et pour acteurs des hommes qui ont long-temps survécu à l'époque où il a eu lieu, et dont quelques uns vivent encore. Si des faits contemporains, en apparence faciles à éclaircir, sont ignorés aujourd'hui ou enveloppés de doutes, quel moyen restera-t-il d'y porter la lumière, quand le temps, qui entraîne dans sa course les hommes et les choses, les aura laissés loin derrière lui? Les motifs qui ont porté le général Bonaparte à quitter l'Égypte, ont beaucoup perdu de leur intérêt, dans le tourbillon des événements qui depuis ont changé la face de l'Europe. Soit que la génération présente, préoccupée de la grandeur des résultats, ait négligé de remonter aux causes; soit que jugeant le général Bonaparte autorisé éventuellement à revenir en France, elle ait renoncé à d'infructueuses recherches; ce fait est resté livré à l'arbitraire d'opinions contradictoires. La publication des pièces inédites qui précèdent a surtout pour objet le désir de contribuer à éclaircir un point litigieux de l'histoire de notre temps, et de suppléer à l'insuffisance de preuves historiques. Dans l'absence de documents authentiques, les auteurs des différents écrits publiés jusqu'à présent sur Napoléon se sont adressé cette question : Est-il revenu d'Égypte de sa propre autorité, ou a-t-il été rappelé par le Directoire? Cette question, ils l'ont résolue d'après leurs impressions personnelles. Les uns, animés de sentiments hostiles, ou formalistes de bonne foi, n'ont pas hésité à flétrir ce retour des termes de fuite et de désertion. D'autres, moins passionnés, l'ont justifié par la connaissance que Bonaparte aurait eue en Égypte des défaites désastreuses essuyées par nos armées, et de l'imminence des dangers qui menaçaient la France. Jugeant le fait sans prévention, il leur a paru que cette accablante nouvelle et la douleur de savoir détruit un ouvrage élevé au prix de tant de sang et d'efforts, avaient suffi pour le déterminer à voler au secours de la patrie menacée, quand, après la levée du siége de Saint-Jean d'Acre, sa mission étant réduite à la colonisation de l'Égypte, il pouvait être suppléé par l'officier distingué qu'il laissait à la tête de l'armée (le général Kléber). D'autres, pénétrant dans sa pensée secrète, ont trouvé qu'il avait jugé le moment arrivé d'accomplir les hautes destinées rêvées par son génie, que sa position précaire et circonscrite en Égypte refusait à son ambition, et qu'il ne pouvait conquérir qu'en France. Ils l'ont accusé d'avoir écouté son propre intérêt, autant et plus peut-être que l'intérêt de la patrie. Le désir de relever la France de l'état d'abaissement où elle était tombée, uni à la conviction qu'il en avait le pouvoir comme la volonté, doivent-ils être comptés pour rien ? La nature, en mettant au fond du cœur de l'homme le puissant mobile de l'intérêt personnel, comme elle a doué tous les êtres animés de l'instinct de leur conservation, a voulu que ce sentiment inné d'égoïsme, ennobli par son but, s'exerçât sur des objets grands et utiles; félicitons-nous donc, quand une pensée de gloire ou d'ambition personnelle,

quand cette conscience de sa propre valeur, vient for-
tifier dans un noble cœur une résolution qui doit tour-
ner à l'avantage du pays, le sauver de sa ruine, et lui
fait braver les plus grands dangers pour l'accomplir.
Quels miracles ne doit pas enfanter l'amour de la
gloire, quand il s'allie à l'amour de la patrie! Quoi
de plus puéril au contraire, et de plus injuste, que la
voix chagrine qui s'élève pour décolorer une grande
action, par la raison qu'elle profite à son auteur! De
telles interprétations auraient pour effet de rabaisser
la nature humaine. Elles encourraient le reproche
d'être inspirées par le stérile sentiment de l'envie, et
tendraient à empêcher tout progrès, en paralysant la
marche du génie, si quelque chose pouvait arrêter son
élan.

La postérité, qui a déjà commencé pour Napoléon,
n'accueillera pas l'injustice des accusations portées à
cette occasion contre lui. Étrangère à toutes passions,
et impartiale dans ses jugements, elle appréciera à sa
juste valeur une résolution qui a eu pour résultat de
retenir la France sur le bord de l'abîme où elle allait
tomber. Cette résolution, si elle n'avait pas été légi-
timée d'avance par la nécessité, trouverait sa justifica-
tion dans les instructions du Directoire, qui avaient
laissé au général de l'armée d'Orient une indépen-
dance absolue. Le chef d'une expédition de cette nature, exposée à tant de chances imprévues, n'aurait
pu l'entreprendre, s'il n'eût été investi des pouvoirs
les plus étendus, pour en prolonger ou en abréger la
durée, pour y renoncer, si les obstacles avaient été in-
surmontables, et s'il n'eût été autorisé à revenir de sa
personne, soit que l'expédition dût être circonscrite
ou abandonnée, soit que l'armée fût affermie dans sa

conquête. Le général Bonaparte n'est parti qu'à ces conditions. Il avait le droit de les réclamer et l'ascendant nécessaire pour les obtenir. Le Directoire, de son côté, devait être tout disposé à y souscrire. Quoiqu'il dût voir sans peine l'éloignement d'un homme dont la gloire et la haute influence lui donnaient des inquiétudes, il sentait sa responsabilité en quelque sorte compromise par une expédition qui enlevait à la France son plus habile défenseur et l'élite de ses troupes, dans des circonstances où la paix, à peine rétablie, était précaire, et quand une complication d'intérêts difficiles à concilier faisait craindre des collisions qui pouvaient de nouveau rallumer la guerre.

Divers témoignages appuient le fait de la réception par le général Bonaparte de lettres ayant pour but de provoquer son retour en France. D'autres le contredisent. J'exposerai d'abord ces derniers; mais je commencerai par dire ce que ma position auprès de l'Empereur et la confiance dont il m'honorait m'ont mis à même d'apprendre à cet égard. Je l'ai entendu une seule fois, et d'une manière transitoire, parler de son retour d'Égypte. Il disait que, lorsqu'il était parti pour l'Orient, une autorité illimitée lui avait été remise; qu'il avait été investi du droit de nommer à tous les emplois; qu'il avait reçu des pleins pouvoirs en bonne forme et scellés du sceau de l'État, pour négocier et résoudre toutes les affaires ou de Malte ou d'Égypte, et pour traiter soit avec la Porte, soit avec les Régences Barbaresques, soit avec les différents princes Indiens, soit avec la Russie; qu'il avait eu pleine autorisation de choisir son successeur; qu'il avait été laissé seul juge de l'éventualité de son retour sur le continent; que, quand il avait quitté l'Égypte, sa présence n'y était plus utile, tandis qu'elle était, au contraire, très nécessaire en France; que la mère-patrie, réduite à défendre ses frontières, ne pouvait plus rien faire pour l'armée d'Orient; qu'il ne fallait songer qu'à se soutenir en Égypte, à en perfectionner l'administration, etc. Je n'ai point remarqué qu'il fît allusion à des missives qui lui auraient été portées, pour le rappeler dans la patrie. S'il n'en a pas parlé, est-ce parce qu'il les avait jugées surabondantes, après les pouvoirs illimités qui lui avaient été conférés?.

M. de Bourienne, dans ses Mémoires, partage l'opinion de ceux qui ont accusé le général Bonaparte de désertion. Il décide tout d'abord que le voyage en Égypte d'un émissaire qu'on a nommé, dit-il, Bombachi ou Bourbaki, et la prétendue correspondance qui aurait décidé le départ de Bonaparte sont des suppositions ridicules. Cette manière de trancher la question ne porterait pas avec soi la conviction, si M. de Bourienne n'ajoutait, pour démontrer que le général en chef n'avait reçu aucune dépêche officielle ou secrète, des raisons dont la principale est tirée de l'emploi de confiance qu'il remplissait auprès de lui, et qui ne lui permettait pas de rien ignorer de ce qui touchait un homme qu'il ne quittait jamais, qui lui disait tout, par les ordres ou sous la dictée duquel il écrivait tout (1). Peut-être l'assertion de M. de Bourienne

---

(1) Je profiterai de cette occasion pour dire les raisons que j'ai de ne pas considérer les mémoires de Bourienne comme une autorité. On sait qu'il ne les a pas composés et qu'ils ont été rédigés sur des notes rares et incomplètes, envoyées à son éditeur de plus de deux cents lieues de Paris. Bourienne était alors dans le Holstein, où il s'était réfugié, pour se soustraire aux poursuites de ses créanciers. Les chagrins causés par le

repose-t-elle sur un fondement réel. Il a en sa faveur un témoignage qui est digne de toute ma considération.

désordre de ses affaires avaient affaibli les facultés de cet esprit vif et subtil ; et il portait déjà dans son sein le germe de la maladie dont il est mort quelques années après. Ses mémoires décèlent des sentiments si peu français et une telle affectation d'infidélité, que s'ils étaient de lui, il faudrait en appeler de Bourienne malade à Bourienne dans la plénitude de son jugement. Il y règne d'ailleurs une ironie si amère, un ton si tranchant, une malveillance si marquée, que, quand le fond des choses est vrai, il faut encore douter de l'exactitude des détails, qui sont presque toujours dénaturés à dessein ou par erreur. La lecture de ces Mémoires m'a révélé, dans les faits qui sont à ma connaissance, des altérations si graves qu'elles équivalent pour moi à des fictions. Je les signalerai quand l'occasion s'en présentera. Je citerai tout de suite, au nombre de ses suppositions les plus audacieuses, les prétendus entretiens qu'il dit avoir eus avec l'empereur, où il reçut, à l'en croire, le dépôt de ses plus secrètes pensées et les étranges confidences qu'il livre ensuite à ses lecteurs. Si ces prétendues conversations ont été indiquées par Bourienne à ses éditeurs, il s'est largement moqué de la crédulité publique. Si le fond ou la forme en appartiennent à ces derniers, ils se sont fait une bien fausse idée du caractère de Napoléon, et se sont singulièrement mépris sur le sentiment si puissant qu'il avait de ses devoirs et de sa dignité. Or Bourienne, depuis sa sortie du cabinet en 1802, n'a approché l'empereur, et dans une audience à peu près officielle, qu'à l'époque où il fut nommé résident à Hambourg. Jusque là, les expédients de Lavalette et du duc de Rovigo, pour lui procurer accès auprès de lui, pour le pousser même sur son passage, les tentatives qu'il fit par l'excellente impératrice Joséphine et par d'autres voies, furent constamment repoussées. Pendant sa mission à Hambourg, l'empereur ne correspondit pas avec lui. Quand des renseignements particuliers lui furent nécessaires dans ce pays, notamment à l'ouverture de la campagne de 1805, ce fut moi qui les demandai de sa part à Bourienne ; et j'ai dû quelquefois faire des réponses peu flatteuses aux passages de ses lettres relatifs à des demandes de distinctions personnelles. Je fus en même temps chargé de recevoir les mêmes informations du respectable M. Otto, ministre de France à Munich, l'empereur ne voulant négliger aucun moyen d'être instruit de ce qui se passait en tête et sur les derrières de la Grande-Armée.

M. le chevalier Amédée Jaubert, membre de l'Institut, aussi connu par sa profonde intelligence des langues et des intérêts de l'Orient, pays où il a rempli d'importantes missions diplomatiques , que distingué par la variété de ses connaissances et par son caractère honorable, était en Égypte interprète du général Bonaparte. Il a été depuis secrétaire-interprète du cabinet sous le Consulat et sous l'Empire. Il accompagnait le général en chef partout en Égypte en sa qualité d'interprète , et est revenu avec lui. J'ai dans son témoignage la confiance la mieux fondée. Dans ce qui s'est passé autour de lui , dans ce qu'il a entendu des discours du général Bonaparte , au moment de son départ et pendant la traversée , rien ne lui a fait soupçonner qu'il fût rappelé par un ordre spécial. Si des lettres reçues de France avaient effectivement déterminé son départ de l'Égypte, la position de M. Jaubert le mettait à même d'en être instruit.

On lit dans les mémoires d'un sexagénaire par Arnault, une note écrite dans le même sens, communiquée à l'auteur de ces mémoires par le général Eugène Merlin, qui a été aide-de-camp du général en chef en Égypte.

Cependant une autorité respectable vient en aide à l'opinion contraire. Le comte Thibaudeau (*Histoire de la guerre d'Égypte*), s'appuyant du témoignage imposant de Joseph Bonaparte , assure que Bourbaki parvint à gagner l'Égypte, porteur d'une lettre de ce frère du général Bonaparte. M. Thibaudeau ignore l'époque où Bourbaki, qui avait cessé de vivre au moment où il a écrit, arriva en Égypte et le lieu où il s'acquitta de sa mission. Il cite encore à l'appui de l'assertion précédente celle du colonel Bourbaki (1), frère du porteur de la lettre, lequel ajoute qu'après l'avoir reçue, le général Bonaparte voulut retourner en France sur le navire qui avait amené Bourbaki, mais qu'il renonça à ce projet sur l'observation que ce navire pourrait difficilement tenir la mer, et échapper aux Turcs et aux Anglais; qu'en effet Bourbaki s'étant rembarqué, fut pris par les Turcs, réduit en esclavage, et ne recouvra sa liberté qu'à la paix avec la Porte.

M. le comte de Survilliers (Joseph Bonaparte), auquel j'ai pris la liberté de m'adresser, a bien voulu me répondre, 1° qu'il était vrai qu'un Grec de Céphalonie, appelé Burbaki, avait été envoyé par lui en Égypte au général Bonaparte avec une lettre cachée dans une canne de chêne; que M. Burbaki revint en Europe après avoir rempli sa mission; qu'il était père de deux enfants qui furent élevés au Prytanée; que l'un de ces enfants fut nommé consul en 1805; qu'il (M. le comte de Survilliers) le vit à Otrante au moment de son embarquement; que l'autre, excellent officier, l'avait suivi à Naples et en Espagne où il s'était marié, et qu'il était mort dans la guerre de la Révolution grecque.

2° Que l'amiral Bruix, qui commandait l'expédition

(1) C'est vraisemblablement du lieutenant-colonel Bourbaki fils qu'il est ici question. Lorsque Joseph Bonaparte passa en Espagne, ce jeune homme l'y suivit et obtint du service dans la garde royale. Son avancement fut rapide; il le dut à l'intérêt du roi. Les camarades de Bourbaki attribuaient cet intérêt au souvenir conservé par Joseph Bonaparte du dévouement de son père et des malheurs que lui avait attirés sa mission en Egypte. Quand la révolution grecque éclata, Bourbaki alla rejoindre ses compatriotes et servit avec distinction dans leurs rangs. Il est mort pendant la guerre de l'insurrection.

navale de Brest, avait reçu la mission de ramener d'É-
gypte le général Bonaparte, lorsque le Directoire eut
à peu près perdu l'Égypte.

Il est hors de doute qu'un Grec, du nom de
Bourbaki, a été envoyé en Égypte avec une lettre
particulière du frère du général Bonaparte. Portait-il
en même temps les dépêches de l'amiral Bruix? un
autre était-il chargé de cette dernière mission? et
a-t-il pu arriver en Égypte? Voilà la question. Si
les dépêches dont Bourbaki était porteur avaient
été interceptées par les Anglais ou par les Turcs,
les Anglais n'auraient pas manqué de les publier,
comme ils l'ont fait pour toutes les correspondances
officielles ou privées de l'armée d'Égypte qu'ils ont pu
saisir. Or ces lettres ne figurent dans aucune de leurs
publications.

M. Miot, auteur de Mémoires sur l'expédition d'É-
gypte, dit qu'il a une idée confuse d'avoir entendu
parler au Caire d'un voyage mystérieux d'un Grec
qui aurait décidé le départ du général Bonaparte.

L'auteur d'une publication récente, qui déclare avoir
eu dans ses mains les pièces importantes des cabi-
nets, affirme que Sieyès, pendant son ambassade à
Berlin, avait dépêché un émissaire confidentiel au général Bonaparte, par le moyen de l'ambassadeur de
Prusse à Constantinople; que cet émissaire était porteur d'un mémoire dans lequel Sieyès exposait à Bonaparte les périls de la patrie, et l'engageait à revenir
sur le continent pour en finir avec l'anarchie. M. Ca-
pefigue ajoute que l'émissaire prussien avait joint Bonaparte, à son retour de l'expédition de Saint Jean
d'Acre, et lui avait communiqué les dépêches de ses
amis, des hommes surtout qui exerçaient une certaine

influence sur les conseils (des Anciens et des Cinq-Cents).

En présence de ces récits contradictoires, il est difficile de prononcer. Ce qu'il y a de certain, c'est que le Directoire a écrit au général Bonaparte pour le rappeler en France. A en juger par le silence qui a été gardé jusqu'à ce jour sur ces lettres, il paraîtrait qu'elles n'ont pas été reçues en Egypte. Bonaparte les aurait-il détruites après les avoir lues, en gardant le secret sur leur contenu? Cela n'est pas supposable; il avait plus d'intérêt à les laisser voir qu'à les cacher. Aurait-il dédaigné de se justifier d'une accusation devant laquelle il aurait pu dire comme Scipion : « Dans ce jour j'ai sauvé la patrie; allons en rendre grâce aux dieux! » Cela est infiniment plus probable. Quelque supposition qu'on admette, il est étonnant qu'il n'ait rien transpiré de la réception de ces dépêches; si le général Bonaparte ne les a pas reçues en Egypte, il les a reçues certainement en France, puisqu'elles lui ont été remises par son frère, auquel l'amiral Bruix en avait envoyé des copies, le 22 vendémiaire an VIII, peu de jours après son arrivée à Fréjus. A la nouvelle du débarquement du général, Joseph Bonaparte partit pour le rejoindre. Ne l'ayant pas rencontré, parce qu'il avait pris une route différente de la sienne, il ne le revit qu'à Paris. Cependant, ni le général Bonaparte, ni son frère, ni Bourienne, ni les Directeurs eux-mêmes, ni Lagarde, secrétaire-général du Directoire, qui a écrit ou contresigné les lettres du président, ni Talleyrand, ne les ont fait connaître. Au reste, l'existence de ces lettres est une preuve de l'importance qu'attachait le Directoire à la présence du général Bonaparte, et du vif désir qu'il avait de le voir revenir, pour arrêter les progrès d'une coalition formidable, et réparer les revers multipliés essuyés par les armées françaises. Cette nécessité devait faire taire les motifs de jalousie ou les craintes qu'il aurait pu avoir conçus de l'ascendant de ce grand homme. Il serait donc injuste de charger la mémoire des Directeurs du reproche d'avoir envoyé Bonaparte en Égypte, et d'avoir désiré l'y retenir pour se débarrasser de lui (1).

Environ trois semaines après l'expédition des lettres dont j'ai parlé, des quatre directeurs qui les avaient signées (2), trois s'étaient retirés. Cette modification dans le personnel du Directoire ne changea rien à la résolution arrêtée de rappeler le général Bonaparte. Un mois avait vu renouveler le Directoire presque en entier. Le 1er prairial, Sieyès avait remplacé Rewbell, désigné par le sort comme membre sortant. De graves mésintelligences avec les Conseils des Anciens et des Cinq-Cents amenèrent, d'abord l'annulation de l'élec-

(1) Je dois dire cependant que j'ai entendu assurer par un témoin digne de foi que le Directoire avait expédié au général Bonaparte, qu'il croyait encore en Égypte, un courrier qui se dirigeait sur Toulon, quand le général le rencontra entre Fréjus et Lyon. Ce courrier était porteur d'une dépêche qui annonçait au général Bonaparte les succès obtenus en Suisse et en Hollande par nos armées, qui révoquait l'ordre de son rappel, et l'informait que le Directoire avait jeté les yeux sur un officier que ses talents et ses services récents lui désignaient comme capable d'être mis à la tête des armées. Cet officier était le général Lecourbe. Au reste, l'Empereur faisait cas des talents et de l'énergie de ce général, et lui reconnaissait les qualités de l'homme de guerre. S'il s'était privé de ses services, c'est qu'il avait surpris en lui, à l'occasion du procès de Moreau, tant de haine et de mauvais vouloir qu'il avait jugé ne pouvoir pas l'employer. Quand dans les Cent-Jours Lecourbe revint à lui, il s'empressa de l'accueillir, et lui confia un commandement important.

(2) Treilhard, La Révellière-Lepaux, Barras et Merlin.

tion de Treilhard, quoique datant déjà d'une année, sous prétexte d'irrégularité, puis, deux jours après, la révolution du 30 prairial, qui arracha violemment à La Reveillère-Lepaux et à Merlin leur démission. Ainsi, cette institution, qui comptait à peine cinq ans d'existence, était arrivée à la décrépitude et menacée d'une dissolution prochaine. Bonaparte, en partant pour l'Egypte, avait laissé au Directoire Barras, Rewbell, La Reveillère-Lepaux, Merlin et Treilhard ; il y trouva à son retour Barras, Sieyès, Roger-Ducos, Gohier et Moulin.

On trouvera peut-être que je me suis trop étendu sur un sujet dont l'importance est bien diminuée par l'éloignement et par la grandeur des événements qui se sont passés depuis. La mémoire de Napoléon n'a pas besoin d'être justifiée d'une résolution grande et louable, s'il l'a prise de son propre mouvement ; si son retour a été décidé par une mesure spéciale de l'autorité, il n'y a rien à ajouter à cela. Mais ce fait est un point de l'histoire de notre temps, qui, comme plusieurs autres, attend un éclaircissement. L'intérêt d'ailleurs ne peut faillir à rien de ce qui se rattache aux actes de la vie de l'homme dont la gloire est identifiée intimement avec la gloire de la France.

Le baron MENEVAL.

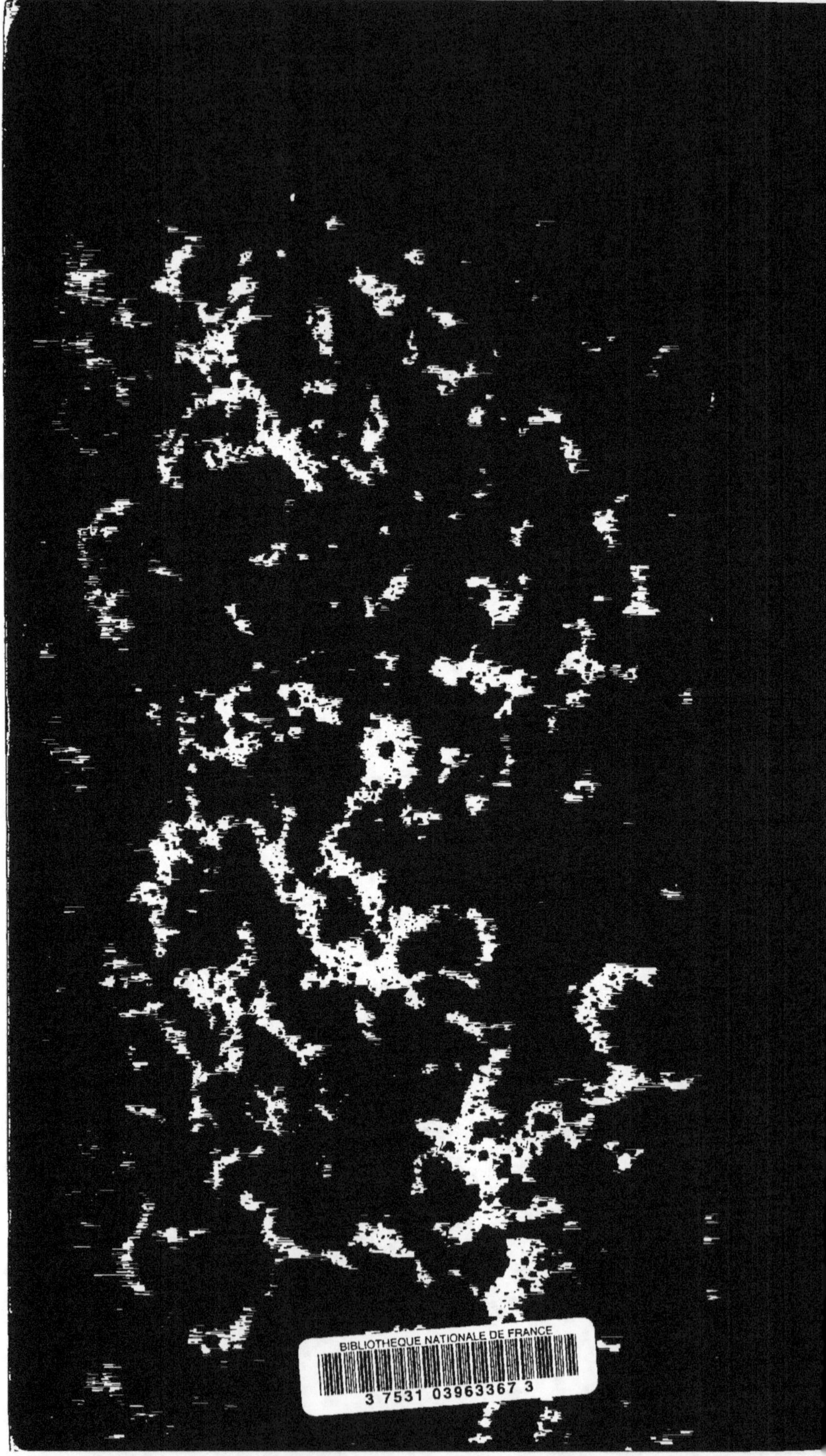
BIBLIOTHEQUE NATIONALE DE FRANCE

3 7531 03963367 3

www.ingramcontent.com/pod-product-compliance
Lightning Source LLC
Chambersburg PA
CBHW061756060726

47597CB00007B/2974